AF498307

DES
VOYAGEURS INTERNATIONAUX

SUR LE CHEMIN DE FER

ENTRE LA BELGIQUE ET LA PRUSSE,

PAR

M. MINARD,

INSPECTEUR DIVISIONNAIRE DES PONTS ET CHAUSSÉES.

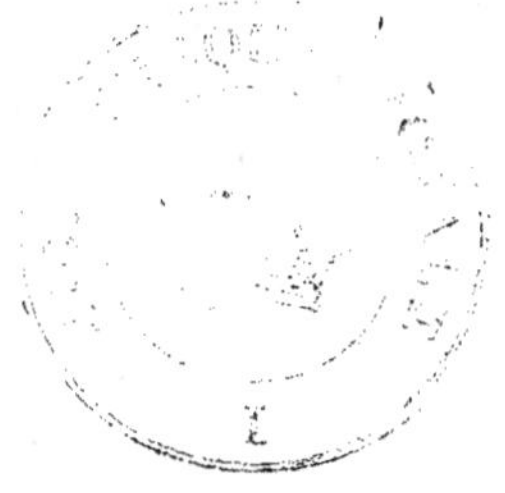

PARIS.

IMPRIMERIE DE FAIN ET THUNOT,

RUE RACINE, 28, PRÈS DE L'ODÉON.

1846

DES
VOYAGEURS INTERNATIONAUX
SUR LE CHEMIN DE FER
ENTRE LA BELGIQUE ET LA PRUSSE.

On a beaucoup parlé de l'influence des chemins de fer pour augmenter l'union des peuples éloignés, et ces idées louables dans leur but ont décidé la direction de nos grandes lignes (1).

Je n'ai point partagé complétement ces espérances, et dans un second mémoire, publié en mai 1843 sur la prédominance du parcours partiel sur les chemins de fer, je disais : « de ce principe ne semble-t-il pas qu'on doive ti-
» rer comme corollaire cette autre conséquence remar-
» quable, à savoir : la faible importance des relations in-
» ternationales comparées à celles des nationaux (2). »

J'ajoutais : « Je suis loin de penser que ces grandes
» communications ne seront point accrues par les nou-
» velles voies de fer, et je ne regarde point comme chimé-
» riques les espérances que l'on peut avoir conçues de
» cette fusion des peuples ; seulement je crois que les re-

---

(1) « Ce sera donner à nos chemins de fer la destination la plus générale et
» la moins contestable que de les faire servir à nos relations internationales. »
(Rapport de M. Dufaure à la Chambre des députés, séance du 16 avril 1842,
page 12, ligne 14.) — « Diriger nos grandes lignes vers nos frontières de terre
» et de mer. ... est donc notre première règle générale de classement. » Page 13,
dernier paragraphe.

(2) Pages 30 et 31.

» lations intimes de chacun d'eux en seront bien autre-
» ment augmentées, et que la grande utilité des chemins
» de fer se trouvera dans les rapports des nationaux entre
» eux bien plus qu'avec les étrangers. »

C'est ce qui a été pleinement justifié depuis par le
compte rendu sur l'exploitation des chemins belges en
1844; il y est dit : « Le mouvement des transports à l'in-
» térieur a une importance bien autrement grande que
» celui des transports internationaux (1). »

Mais comme cette observation concernait l'ensemble du
réseau belge, j'ai pensé qu'il était bon de savoir jusqu'à
quel point elle s'appliquait à une seule ligne , au chemin
de fer belge-rhénan par exemple ; peut-être verra-t-on avec
quelque intérêt le résultat de ces recherches.

Le chemin de fer qui existe entre Louvain et Cologne
a donné sur le continent le premier exemple d'un railway
traversant les frontières de deux États voisins, et il offre
cela de particulier que non-seulement il unit ces deux
États, mais encore, se reliant à l'ouest au réseau belge et
à l'est à la navigation à la vapeur du Rhin, il est la voie de
communication la plus courte entre plusieurs royaumes,
qui sont d'un côté l'Angleterre, la Belgique et la France,
de l'autre, la Prusse, l'Allemagne, le Danemark, etc.

En considérant la position de ce chemin, qui lui donne
une fréquentation en quelque sorte européenne, et la prio-
rité dont il jouit, il m'a semblé se trouver dans les cir-
constances les plus heureuses pour apprécier comparative-
ment le transit des étrangers porté à un haut degré,
surtout si l'on en saisissait le mouvement au début d'une
exploitation qui n'a pas encore subi les atteintes de la
concurrence.

Pour constater le mouvement des voyageurs de cette

---

(1) Compte rendu aux Chambres belges, 19 février 1845 , page XLVIII,
ligne 11.

ligne pendant l'année 1844, je me suis aidé de trois renseignements : 1° le compte rendu aux Chambres belges (1);
2° un état détaillé qu'a bien voulu me transmettre M. l'inspecteur des chemins belges sur le mouvement des voyageurs inscrits entre Liége et la frontière (2) ; 3$_0$ enfin un
état du mouvement du chemin rhénan que M. Ducros,
ingénieur des ponts et chaussées, a recueilli pour moi à
Cologne près du directeur du chemin (3). Ces documents
sont suffisants.

Au moyen de ces renseignements détaillés on peut cal-
culer le nombre des voyageurs circulant entre deux stations, et on a le mouvement général entre Louvain et Cologne (4).

Mais les nombres, d'une utilité statistique incontestable,
ne sont pas appréciés par l'œil aussi facilement que les
figures qui leur sont proportionnelles ; j'ai donc dressé un
tableau figuratif du mouvement des voyageurs, n$_0$ 6, dans
lequel le nombre qui circule entre deux stations est représenté par la hauteur de la zone teintée correspondant
à cette partie du chemin. Ce tableau parle aux yeux et
fait saisir d'un seul coup d'œil l'ensemble des résultats.

On y remarque trois teintes : la plus claire est relative
aux voyageurs qui n'ont circulé qu'en Belgique ou qu'en
Prusse ; les deux autres se rapportent aux voyageurs qui
partant d'une station de Belgique sont arrivés à une station prussienne et réciproquement ; enfin la teinte la plus
foncée indique les voyageurs qui ont parcouru la distance
entière entre Louvain et Cologne.

Les documents statistiques précités et un autre dont je

---

(1) Ce compte étant imprimé et publié, il m'a paru inutile de reproduire ici
les tableaux très-étendus du mouvement des voyageurs et des marchandises de
station à station.

(2) Voyez cet état n° 1 , ci-annexé à la fin.

(3) Voyez cet état sous le n° 2 , ci-annexé à la fin.

(4) Voyez la note qui précède les tableaux.

parlerai plus loin, m'ont donné le moyen de distinguer suffisamment ces trois classes de voyageurs, dont la première peut représenter les relations des nationaux entre eux, et les deux autres les relations internationales.

A l'inspection du tableau on voit 1° que la frontière est le lieu où il passe le moins de voyageurs ; 2° que les relations entre nationaux sont presque partout plus nombreuses que les relations internationales ; 3° que ces dernières s'affaiblissent promptement à quelques lieues de la frontière.

C'est ce que les considérations sur le parcours partiel m'avaient fait pressentir en 1843, c'est ce qu'a confirmé le compte rendu aux chambres belges de l'exploitation de 1844, où toutes les relations extérieures (voyageurs et marchandises) ne s'élèvent en recette qu'à 21 p. 100 du mouvement général (1).

Et si l'on fait attention qu'ici, près de la frontière, sur une longueur de quatorze lieues, se trouvent trois villes : Liége, de 66 000 âmes ; Verviers, de 20 000 âmes ; et Aix-la-Chapelle, de 46 000 âmes, on ne doutera pas un instant que c'est à l'influence de cette proximité qu'est due la plus grande partie des voyageurs qui traversent la frontière.

Si dans le tableau figuratif on suit la teinte foncée, qui indique le nombre des voyageurs internationaux, on reconnaîtra qu'immédiatement au delà de Verviers, du côté de la Belgique, le nombre de ces voyageurs descend de 103 000 à 72 000, et au delà de Liége de 72 000 à 39 000 ; et qu'au delà d'Aix-la-Chapelle, du côté de la Prusse, il tombe de 90 000 à 38 000 ; la plus grande partie des voyageurs internationaux appartient donc à ces trois villes.

Les voyageurs envoyés de Prusse en Belgique ne sont pas compris dans le tableau rhénan n° 2, mais le ta-

---

(1) Page xLIII, ligne 12.

bleau **XXXVII**[1] du compte rendu apprend que le chemin belge a reçu d'Herbesthal 55 400 voyageurs, et qu'il en a envoyé au même point 53 900 ; ainsi la totalité des voyageurs qui ont traversé la frontière en 1844 a été de 109 300.

Ce nombre, comme je viens de le faire remarquer, est plus l'effet du rapprochement des villes de Liége, Verviers et Aix-la-Chapelle, que celui des relations internationales.

En consultant les tableaux n° 1 et n° 2, on voit que les 53 472 voyageurs allant de Belgique en Prusse se composent ainsi :

A destination d'Herbesthal..	9 053	
Idem d'Aix-la Chapelle.	27 346	
Idem d'Eschweiler.	476	53 472
Idem de Duren.	352	
Idem de Cologne.	16 245	

Il n'y a donc que 16 245 voyageurs de transit allant de tous les points de la Belgique à Cologne.

Il fallait connaître de quelles stations belges venaient ces 16 245 voyageurs, pour distinguer ceux qui avaient parcouru la longueur totale du chemin belge-rhénan. Dans ce but je me suis adressé à **M. Humpfenbach**, ingénieur en chef à Dusseldorf et mon ancien collaborateur aux travaux d'Anvers en 1813 ; cet ingénieur m'a répondu qu'on n'avait pas à Cologne le détail que je désirais pour 1844, mais qu'il m'en envoyait le tableau complet pour 1845 (1).

On voit dans ce tableau que le nombre des voyageurs venant à Cologne des stations de Louvain, Malines, Anvers, Bruxelles et au delà, et réciproquement, c'est-à-dire

---

(1) Voyez ce tableau n° 3, à la fin.

ceux qui ont parcouru la distance totale entre Louvain et Cologne, a été de 19 710 en 1845.

Or on peut supposer le même nombre en 1844, car le mouvement des voyageurs internationaux a peu varié dans ces deux années ; en effet, toutes les stations belges ont envoyé ·

A Aix-la-Chapelle,	en 1844,	27 346	et en 1845,	29 110
A Eschweiler,	*idem*	476	*idem*	528
A Düren,	*idem*	352	*idem*	405
A Cologne,	*idem*	16 245	*idem*	16 792

Ainsi donc le nombre des Belges, Français, Anglais, Prussiens, Allemands, etc., qui sont allés en 1844 de Louvain à Cologne et réciproquement, est inférieur à 20 000. Tel est sur ce chemin le nombre des voyageurs véritablement internationaux : car, je le répète, les relations entre les Belges et les Prussiens, très-rapprochés de la frontière, sont des relations de voisinage.

Si l'on disait que l'importance du transit des étrangers comme circulation ne se mesure pas seulement par leur nombre, mais aussi par le chemin qu'ils parcourent, attendu qu'on juge de l'utilité d'un chemin par le nombre total de kilomètres parcourus, il suffirait de jeter les yeux sur le tableau figuratif (et c'est encore un avantage de ce tableau sur les chiffres) pour voir de suite que le nombre de kilomètres parcourus par le transit étranger, qui est représenté par les surfaces avec teinte foncée, est bien plus petit que celui des kilomètres parcourus par les nationaux, qui est représenté par la surface avec teinte claire.

On trouvera qu'entre Louvain et Cologne le mouvement des voyageurs internationaux n'est environ que le quart de la circulation totale, et si on ne considère que les voyageurs internationaux à long parcours, ceux qui ont parcouru la distance totale, cette dernière circulation internationale n'est pas le sixième de la circulation totale entre les mêmes points extrêmes ; la partie de ce parcours qui a lieu sur le territoire belge, comparée au mouvement général des nationaux sur le réseau belge, se réduit à 10 p. 100, comme le signale le compte rendu de 1844 (1).

Telles sont les relations internationales eu égard aux voyageurs ; eu égard aux marchandises, les résultats sont moins disproportionnés.

En puisant des renseignements dans le tabl. XXXVII⁹ du compte rendu belge et dans les deux tabl. n° 4 et n° 5 du chemin rhénan que m'a communiqués M. Ducros, j'ai dressé le tableau figuratif du commerce sur le chemin de fer entre Louvain et Cologne, n° 7.

On y distingue trois teintes : la plus claire est le trafic national de chaque peuple belge et prussien ; les deux autres représentent le commerce international. La teinte la plus foncée fait voir le commerce d'outre-mer, celui du transit d'Anvers sur l'Allemagne, celui qui est la cause première des chemins de fer belges et qui, comprimé dans son développement par la rivalité des voies navigables, n'a pas répondu à l'attente de la Belgique.

On ne manquera pas de faire observer que les faits précédents étant le résultat de la première année d'exploitation du chemin belge-rhénan, les relations internationales n'ont pas encore eu le temps de s'y établir ; mais il faut faire attention que les relations nationales s'accroîtront en même temps ; ainsi nous avons vu qu'eu égard aux voyageurs allant de Belgique en Prusse, l'augmentation de 1845 sur 1844 a été de 5 p. 100 : or le dernier compte rendu du chemin rhénan signale 429 600 voyageurs inscrits en 1845, tandis qu'il n'y en avait eu que 374 500 en 1844 ; l'augmentation générale des voyageurs est donc

____

(1) Pages xxxii. xl., xliii.

de 15 p. 100, c'est-à-dire trois fois plus forte que celle des voyageurs internationaux ; c'est là un résultat très-significatif.

Des divers mouvements que nous venons de reconnaître sur le chemin de fer entre la Belgique et la Prusse, concluons que ce nouveau moyen de transport paraît stimuler les relations intérieures d'un pays bien plus que les relations internationales, et que c'est au point de vue du premier intérêt que les chemins de fer, même ceux qui arrivent à la frontière, doivent être conçus, tracés et exploités.

Paris, mai 1846.

NOTE DE LA PAGE 5.

Le tableau XXXVII[1] du compte rendu belge de 1844 comprend un mouve-ment d'environ 280 000 voyageurs appartenant aux stations dites *intermé-diaires* de la ligne de l'Est. Ils ne sont indiqués qu'en blocs à l'arrivée et au départ de chaque station principale. Ignorant les points auxquels ils apparte-naient, j'ai supposé ces voyageurs uniformément répartis entre toutes les sta-tions principales.

Il résulte du tableau XXXVII[1] du compte rendu des chemins de Belgique, que le réseau belge a envoyé 53 900 voyageurs à Herbesthal, première station de Prusse, tandis que d'après le tableau du chemin rhénan n° 2, celui-ci n'au-rait reçu du chemin belge que 44 419 voyageurs.

Cette différence provient, ainsi que me l'a appris M. l'inspecteur des chemins belges, de ce que l'administration rhénane ne renseigne pas les voyageurs ar-rivant à Herbesthal pour s'y arrêter.

Effectivement, si aux 44 419 voyageurs ci-dessus on ajoute les 9 053 voya-geurs venant de Belgique et arrivant à Herbesthal comme dernière station, in-diqués dans le tableau belge n° 1, on obtient 53 472, nombre très-rapproché des 53 900 voyageurs consignés dans le tableau XXXVII[1].

CHEMINS DE FER BELGES (1844).

TABLEAU N° 1. — *Des voyageurs inscrits dans les stations et pour les stations de la section de Liége à Herbesthal.*
Ce relevé ne comprend pas les voyageurs arrivant à ces stations et venant de la Prusse au delà Herbesthal.

STATIONS DE DÉPART.	STATIONS D'ARRIVÉE.									Herbesthal,		
	Liége.	Chenée.	Chaud-fontaine.	Trooz.	Nesson-vaux.	Pepinster.	Ensival.	Verviers.	Dolhain.	comme dernière station.	pour au delà.	
Liége.	»	6 933	7 524	1 112	2 164	11 467	653	30 283	1 459	1 238	15 822	78 655
Chenée.	7 576	»	1 552	548	633	4 103	212	6 316	»	475	»	21 415
Chaudfontaine.	6 025	2 252	»	345	356	1 733	103	2 277	61	58	193	13 403
Trooz.	1 173	364	91	»	447	379	161	901	»	»	»	3 516
Nessonvaux.	2 136	518	151	143	»	1 156	104	2 341	»	»	»	6 559
Pepinster.	11 759	4 575	1 647	315	1 104	»	223	17 112	173	468	979	38 355
Ensival.	804	242	78	63	96	214	»	123	»	»	»	1 620
Verviers.	27 760	6 461	3 249	372	1 997	18 564	»	»	7 153	4 278	9 995	79 729
Dolhain.	1 347	»	64	»	»	235	»	7 279	»	2 536	624	12 085
Herbesthal.	1 435	198	46	»	»	76	»	3 598	2 248	»	»	7 601
	59 915	21 543	14 402	2 898	6 737	37 937	1 456	70 230	11 094	9 053	27 613	262 938

TABLEAU N° 2. — *Mouvement des voyageurs en 1844 sur le chemin de fer rhénan, de Cologne à la frontière belge.*
(Extrait d'un Tableau communiqué par M. Ducros, ingénieur des ponts et chaussées.)

STATIONS DE DÉPART.	STATIONS D'ARRIVÉE.										TOTAUX par station de départ
	Her-besthal.	Aix-la-Chapelle.	Stolberg.	Eschwei-ler.	Lan-gerwehe.	Düren.	Buir.	Horrem.	Kœ-nigsdorf.	Cologne.	
Stations belges.	»	27 346	»	476	»	352	»	»	»	16 245	44 419
Herbesthal.	»	11 561	119	152	34	159	8	7	6	919	12 965
Aix-la-Chapelle.	39 940	»	7 354	14 145	4 572	10 356	424	472	234	30 743	108 240
Stolberg.	122	7 916	»	496	399	749	29	12	13	682	10 418
Eschweiler.	467	15 180	471	»	1 342	4 843	211	193	108	4 064	26 879
Langerwehe.	58	4 940	462	1 672	»	6 071	335	102	36	1 240	14 916
Düren.	655	10 138	583	4 537	5 789	»	3 023	806	360	11 690	37 581
Buir.	19	553	29	199	352	3 209	»	363	229	1 987	6 940
Horrem.	51	803	24	281	173	1 103	663	»	1 436	5 418	9 952
Kœnigsdorf.	»	377	19	123	65	466	278	1 306	»	3 932	6 566
Cologne.	16 478	32 778	508	3 695	1 000	11 145	1 767	5 913	4 290	»	77 574
Toraux par station d'arrivée. . .	57 790	111 592	9 569	25 776	13 726	38 453	6 738	9 174	6 712	76 920	356 450

Le tableau de l'administration du chemin rhénan indiquait en outre 15 000 voyageurs enregistrés *aux points d'arrêts* et dont la destination n'était pas donnée. Mais on voyait par la recette correspondante, qui n'était pas la cent quarantième partie de la recette totale, qu'ils ne parcouraient moyennement que six kilomètres ; on pouvait donc les négliger comme n'étant pas compris dans le transit étranger.

TABLEAU N° 3. — *Exploitation du chemin de fer rhénan*, année 1845.

VOYAGEURS ARRIVÉS A :	VENANT DE											
	Dolhain.	Verviers.	Pepinster.	Chaud-fontaine.	Liége.	Tir-lemont	Louvain.	Malines.	Anvers.	Bruxelles.	Au delà.	TOTAL.
Cologne.	47	1 192	301	85	5 685	143	702	483	1 656	4 871	1 627	16 792
Düren.	26	132	»	1	180	»	4	5	18	36	3	405
Eschweiler.	10	146	»	17	323	»	3	»	2	26	1	528
Aix-la-Chapelle.	1 049	8 161	1 204	292	9 815	114	369	382	1 364	4 767	1 593	29 110
	1 132	9 631	1 505	395	16 003	257	1 078	870	3 040	9 700	3 224	46 835

PARTIS DE :	POUR											
	Dolhain.	Verviers.	Pepinster.	Chaud-fontaine.	Liége.	Tir-lemont	Louvain.	Malines.	Anvers.	Bruxelles.	Au delà.	TOTAL.
Cologne.	43	1 203	255	68	5 660	166	246	490	2 237	4 544	2 854	17 766
Düren.	»	106	»	»	165	2	»	5	342	45	7	672
Eschweiler.	»	74	»	»	172	»	1	»	5	14	2	268
Aix-la-Chapelle.	1 282	8 455	937	221	10 243	128	309	436	1 213	5 571	2 740	31 535
	1 325	9 838	1 192	289	16 240	296	556	931	3 797	10 174	5 603	50 241

Les voyageurs du chemin belge, reçus ou donnés par la station d'Herbesthal, ne sont pas compris dans ce tableau.

TABLEAU N° 4. — *Commerce intérieur sur le chemin de fer rhénan en 1844.* (Les chiffres indiquent des tonnes.)

STATIONS DE DÉPART.	STATIONS D'ARRIVÉE.										TOTAUX.
	Her-besthal.	Aix-la-Chapelle.	Stolberg.	Esch-weiler.	Lan-gerwehe.	Düren.	Buir.	Horrem.	Kœ-nigsdorf.	Cologne.	
Herbesthal.	»	46	»	2	1	6	»	»	»	105	160
Aix-la-Chapelle.	2 777	»	15	2 352	1 205	4 433	431	2 249	462	15 471	29 395
Stolberg.	»	5	»	35	2	318	»	»	»	51	411
Eschweiler.	882	5 752	»	»	70	9 207	569	1 773	311	7 961	26 525
Langerwehe.	154	147	»	1	»	29	352	446	26	399	1 554
Düren.	51	489	5	226	40	»	14	1	»	1 437	2 263
Buir.	59	87	»	362	8	165	»	12	12	1 817	2 522
Horrem.	»	5	»	»	1	2	»	»	13	57	78
Kœnigsdorf.	»	7	»	»	»	8	»	»	»	»	15
Cologne.	589	5 781	42	604	225	5 602	58	226	5	»	13 132
TOTAUX.	4 512	12 319	62	3 582	1 552	19 770	1 424	4 707	829	27 298	76 055

TABLEAU Nº 5. — *Commerce extérieur sur le chemin de fer rhénan en 1844.* (Les chiffres indiquent des tonnes.)

IMPORTATIONS						EXPORTATIONS					
DES STATIONS DE	AUX STATIONS DE				TOTAUX.	DES STATIONS DE	AUX STATIONS DE				TOTAUX.
	Aix-la-Chapelle	Esch-weiler.	Düren.	Cologne.			Verviers.	Liége.	Bruxelles.	Anvers.	
Verviers.	674	»	2	218	894	Cologne.	1 398	1 649	417	881	4 345
Liége.	12 674	7 294	5 504	1 525	26 997	Düren.	41	61	»	4	106
Bruxelles.	825	»	»	907	1 732	Eschweiler.	1	11	3	»	15
Anvers.	2 321	18	191	24 727	27 257	Aix-la-Chapelle. . . .	1 612	319	111	106	2 148
Ostende.	299	»	»	357	656						
Totaux. . . .	16 793	7 312	5 697	27 734	57 536	Totaux. . . .	3 052	2 040	531	991	6 614

Paris. — Imprimerie de FAIN et THUNOT, rue Racine, 28, près de l'Odéon.

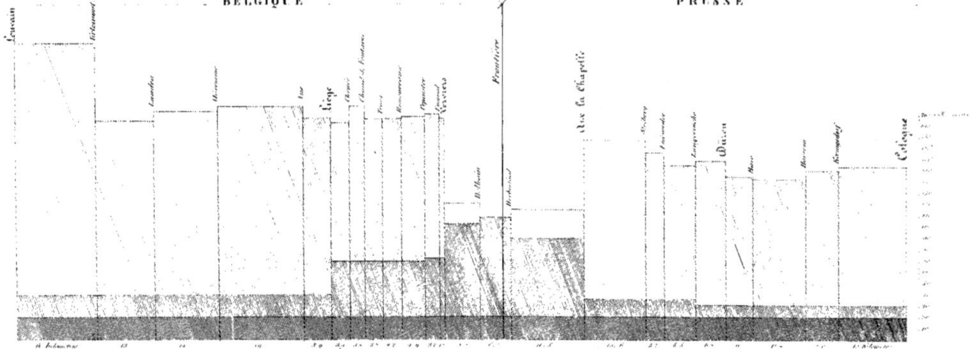

N° 6. Tableau Figuratif de la Circulation des Voyageurs nationaux et internationaux sur le Chemin de Fer entre la Belgique et la Prusse en 1844.
Dressé par Mr. Minard, Inspecteur divisionnaire des Ponts et Chaussées.
BELGIQUE
PRUSSE
Louvain
Tirlemont
Landen
Waremme
Ans
Liège
Chênée
Chaud. fontaine
Trooz
Nessonvaux
Pepinster
Verviers
Frontière
Aix la Chapelle
Düren
Cologne

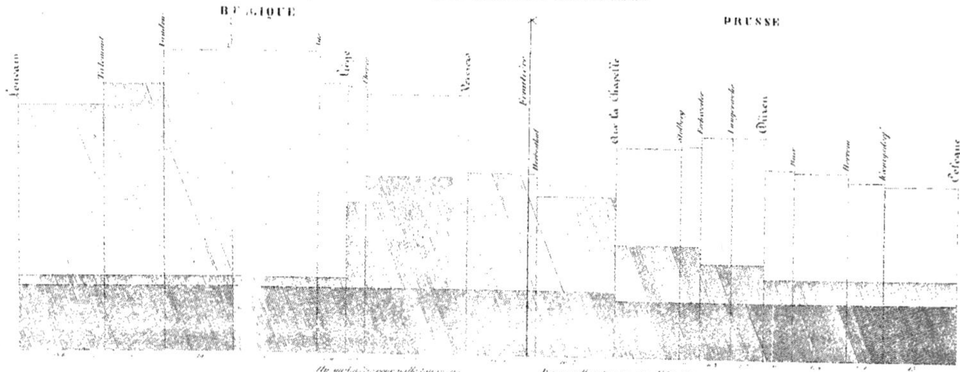

Nº 7. Tableau Figuratif de la circulation des Marchandises sur le Chemin de Fer entre la Belgique et la Prusse, en 1844.
Dressé par Mr Minard, Inspecteur Divisionnaire des Ponts et Chaussées.
BELGIQUE
PRUSSE
Louvain
Tirlemont
Landen
Liège
Verviers
frontière
Aix la chapelle
Cologne

www.ingramcontent.com/pod-product-compliance
Lightning Source LLC
LaVergne TN
LVHW051341200726
843510LV00002B/757